M. LAMIRAL,

RÉFUTÉ PAR LUI-MÊME,

OU

RÉPONSE

AUX OPINIONS DE CET AUTEUR,

Sur l'abolition de la Traite des Noirs, suivie de quelques idées sur les établissemens libres que la France ne doit point différer de faire au Sénégal.

Par un ami des Blancs & des Noirs.

Il n'y a plus maintenant ni de Gentil, ni d'esclave, ni de libre ; mais vous n'êtes tous qu'un en JÉSUS-CHRIST. Galat. III. 28.

De l'Imprimerie de L. POTIER DE LILLE, Rue Favart, N°. 5.

1790.

RÉFUTATION

DES OPINIONS DE M. LAMIRAL,

SUR L'ABOLITION

DE LA TRAITE DES NOIRS,

SUIVIE de quelques idées sur les établissemens LIBRES que la France ne doit point différer de faire au Sénégal.

Par un ami des Blancs & des Noirs.

M. LAMIRAL a joint des notes explicatives aux DOLÉANCES ET REMONTRANCES des habitans du Sénégal, à l'Assemblée Nationale ; & ces notes forment l'ouvrage qu'il a publié, *intitulé de l'Afrique & des Africains* (1). Cet ouvrage, de près de quatre cens pages, m'a paru n'avoir été entrepris & imprimé, que pour justifier le commerce des hommes noirs ; pour donner du poids à tous les faux calculs & aux raisonnemens impoli-

Ouvrage de
M. Lamiral.

____

(1) Paris, 1789, chez Defenne, Libraire au Palais-Royal, N°. 3.

A 2

tiques & inhumains, par lesquels on voudroit en faire redouter l'abolition, & enfin, pour répandre les calomnies absurdes & les mensonges grossiers, par lesquels ceux qui sont intéressés à ce commerce infâme, ont voulu discréditer, dans l'opinion, les amis de l'humanité qui les poursuivent.

Je me propose de réfuter brièvement M. Lamiral, mais ce sera de la manière la plus convaincante ; car, sans citer la foule de témoignages qui contredisent, de la manière la plus authentique, & avec la vérité la plus certaine, ses assertions, j'opposerai cet écrivain à lui-même ; & tout lecteur impartial verra que, s'il n'a point menti à sa propre conscience, il est au moins dans un étrange aveuglement. L'exposition nue des faits qu'il dénature & des choses qu'il transvestit, convaincront à quels mensonges & à quelles persécutions étranges l'on doit s'attendre, en attaquant ouvertement l'avarice des hommes & les préjugés qui, flattent leur amour-propre, pallient la noirceur de leurs crimes, & servent ainsi toutes leurs passions.

Je ne ferai pas de longue apologie pour mon entreprise : c'est aux choses que je dirai, au parti que je défends, à me mériter la bonne opinion du lecteur. Je n'ai de motif

(5)

que mon défir de voir le triomphe de la
VÉRITÉ & de la JUSTICE. J'ai fincérement
cherché à m'éclairer fur l'objet dont il s'agit
ici. J'ai fait des lectures que d'autres n'ont
pas voulu ou pu faire. J'ufe, à caufe de
cela feul, de mon droit de communiquer
mes penfées; & je laiffe avec confiance, au
public, celui de les juger, fans que je
cherche à le prévenir que fur la fincérité
& la rectitude de mes fentimens.

M. Lamiral, dans fes premières notes,
nous donne des détails intéreffans fur la
population de l'ifle Saint-Louis & les mœurs
de fes habitans. Cette colonie, le principal
de nos établiffemens an Sénégal, eft compofée
d'environ trois cents habitans *libres* (NÈGRES
OU MULATRES), & d'environ cinq à fix mille
efclaves, ou étrangers des diverfes Nations
qui avoifinent le pays (1).

La race d'hommes que je défends, y com-
pofe donc toute la population. M. Lamiral,
en décrivant les mœurs qu'ils ont dans cette
colonie, commence là à réfuter lui-même
ce qu'il dit de ces mêmes hommes, quand il

Ifle Saint-
Louis.
Sa popu-
lation.

----

(1) Page 42.

les confidère par rapport au commerce qu'on a la barbarie d'en faire, & au dur efclavage dans lequel ont les tient ailleurs. Voyez en en effet ce qu'il en rapporte, fans aucune diftinction des nuances de la couleur de leur peau, prefque la même, fans différence entre les hommes libres & les hommes efclaves ; & vous verrez s'il eft convenable que celui qui a pu faire ces obfervations, ait enfuite calomnié autant qu'il l'a fait la nature (1), & cela, pour juftifier l'affervif-fement & l'humiliation dans laquelle ces mêmes hommes font tenus ailleurs par l'avarice & l'intérêt.

Il ne faut pas croire que l'efclavage foit le même à l'ifle Saint-Louis que dans nos ifles à fucre. Là, l'efclave partage la table & les travaux du maître. Nul préjugé, nulle différence prefque ne les fépare. Dans nos colonies occidentales, au contraire, l'efclave eft conduit à coup de fouet au travail. Il eft féparé de fon maître, comme les animaux le font de nous ; & la couleur & les préjugés les plus aviliffans l'en éloignent encore bien davantage ; l'intervalle entre eux, n'eft

Mœurs de fes habitans.

Efclavage chez eux.

---

(1) Page 208 & 227.

comparable qu'à celui qu'on a mis entre l'homme & les Dieux (1).

On peut juger de ce que les hommes noirs font & de ce qu'ils pourroient devenir, par ce qu'en rapporte M. Lamiral lui-même : ce qu'il dit de leurs enfans suffira pour en donner une idée. « Ils font, dit-il, élevés de la manière la plus libre, jusques à l'âge de porter les armes : c'est pour cela qu'ils deviennent si fiers, si robustes, & qu'ils acquièrent cette démarche hardie & aisée. Ils parlent bien plus de bonne heure que les nôtres, le langage de la raison : à douze ans, ils connoissent très-bien, & par tradition, l'histoire de leur pays, ainsi que les intérêts civils & politiques de la société où ils vivent ».

Leurs
enfans.

Si l'isle Saint-Louis, toute habitée par ces hommes qu'on voue au mépris, montre cependant des vertus précieuses (2), une bonne foi dans les engagemens du commerce, sans exemple (3), du courage, de la constance

----

(1) Voyez *la lettre* de M. Clarkson, *aux auteurs du Journal de Paris, en réponse à celle de* M. Mosneron Delaunai, insérée précédemment dans dans ce Journal. Patriote François, N°. 189.

(2) Pag. 52. — 55.

(3) Pag. 337.

Leurs bonnes qualités.

& de la force dans les hommes (1) & même dans les femmes (2), une raison prématurée dans les enfans (3), l'hospitalité enfin la plus touchante & des mœurs simples (4), croira-t-on qu'ils doivent quelque chose de ces qualités de leur bon naturel, aux soins que nous prenons de leur civilisation ? On se tromperoit grandement.

Les sordides & criminels intérêts qui ont également occupé le Gouvernement & ceux qu'il envoie pour régir cette colonie, tout comme les marins qui la fréquentent & les marchands, pour l'intérêt desquels ils y vont, sont trop de nature à étouffer toutes les idées grandes & généreuses, pour qu'on ait jamais songé à s'occuper de l'instruction de ces peuples. On les laisse indifféremment croupir dans tous les mensonges de l'ignorance & de la superstition (5). Ils mêlangent les pratiques du mahométisme avec celles qu'ils ont reçues de nous; & les marchands qui sont satisfaits,

On les laisse dans l'ignorance & la superstition.

---

(1) Page 77. — 256. — 277. — 287.
(2) Pag. 48. — 55.
(3) Pag. 49.
(4) Pag. 64.
(5) Pag. 43.

fi leurs navires trouvent à leur arrivée des efclaves à charger, fe mettent peu en peine de faire enfeigner une morale qui auroit appris, depuis long-temps, que ces efclaves font des hommes, & qu'ils ne doivent point être traités par leurs femblables, comme des bêtes, en les achetant & les livrant comme des marchandifes. Certes, fi les mœurs d'un peuple formé au milieu des attentats les plus facrilèges aux droits de l'humanité, fans le fecours d'une morale épurée, appuyée fur la nature même & la révélation, font encore meilleures mille fois qu'on ne pouvoit attendre; fi malgré l'emploi qu'ils ont d'aller chercher de tous côtés, aux Européens, des victimes; fi malgré la part qu'ils prennent à tous les crimes qui les procurent, il leur refte encore des vertus qui touchent, que n'a-t-on pas droit d'attendre de ce peuple, quand à l'inftruction, à l'influence des efforts falutaires de la métropole pour la répandre, on joindra le bienfait d'un GOUVERNEMENT LIBRE.

M. Lamiral nous donne enfuite la defcription des mœurs d'un autre peuple très-intéreffant. Ce font les Maures qui habitent toute la rive droite du *Sénégal* ou *Niger*. Leurs mœurs ont le plus grand rapport avec celles des *Arabes indépendans* qui environnent l'Egypte.

Ce qu'ils peuvent devenir.

Les Maures.

M. Savari, dans fes lettres fur cette contrée, a peint, d'une manière admirable, la fimplicité & l'amour indomptable de ceux-ci, pour la liberté; & ce voyageur, en repréfentant à côté de grandes vertus qu'on admire, le pillage qu'ils exercent, a prefque fait pardonner leurs crimes.

Ce que M. Lamiral rapporte des Maures, a le même effet (1). On aime leur fimplicité & leur indépendance ; & fi l'on s'indigne de leurs expéditions pour furprendre les Nègres au-delà du fleuve qui les en fépare, on accufe bien vîte les Européens qui les excitent (2). C'eft ainfi que les tyrans jaloux qui affujétiffent l'Egypte, & qui forcent les Arabes indépendans d'errer autour, dans des deferts affreux pour y être libres, répondent auffi devant l'Etre fuprême de tous leurs brigandages.

Les Maures joignent à une fimplité domeftique, précieufe, l'égalité politique & civile la plus grande. Ils ont enfuite de l'énergie & du courage, toute l'aptitude défirable dans un peuple à civilifer & ce fentiment de

Les Européens les excitent à voler des Noirs.

----

(1) Pag. 133. -- 146.
(2) Pag. 144.

foi-même, qui, pour faire leur éloge & me servir à-peu-près des expreſſions de M. Lamiral, les rend de *fort mauvais eſclaves*. Si les liaiſons de l'Europe avec l'Afrique, euſſent été établies ſur des principes honorables, ces peuples euſſent ſeuls aiſément offert, par leur civiliſation, le moyen d'étendre bien vîte notre influence dans tout l'intérieur de l'Afrique, & ils auroient actuellement donné aux ſavans une parfaite connoiſſance de cette partie de la terre qu'on ne connoît toujours que très-imparfaitement.

Ces peuples en effet ont quelque choſe de l'activité des Européens. Ils étendent leur commerce juſques vers les parties les plus éloignés des côtes. Eh ! qu'on juge de leur caractère. « Ce ne ſont point les chefs, dit d'eux M. Lamiral, qui décident de la guerre ni de la paix. Tout eſt réſolu publiquement & par acclamation. Là, un jeune homme de douze à quatorze ans donne ſon avis comme les autres, & l'on eſt ſouvent étonné de leur voir, à cet âge, diſcuter des intérêts politiques, avec la ſagacité d'un homme mûr (1). »

____

(1) Pag. 133.

Si l'on eût donc trafiqué, avec ce peuple, d'après les principes vrais de la justice ; si l'on eût sincérement cherché les moyens de les engager à perfectionner leur civilisation ; il n'est pas douteux que le succès le plus complet auroit couronné cette entreprise généreuse. Ils en sont dignes, on le voit, par leur caractère naturel : & s'il étoit besoin d'employer envers eux, comme de bons pères envers des enfans qu'ils chériffent, quelque adreffe ou quelque févérité, notre fupériorité nous donnoit tant d'avantages ! Il étoit fi aifé de former des hommes capables de tirer de ces peuples un autre parti que celui de faire enlever par eux les habitans paifibles des contrées qui les avoifinent ! Il étoit fi aifé.... Mais les hommes qui marchent avec fécurité dans le crime, peuvent-ils avoir aucune de ces penfées ? Si malgré eux-mêmes, leur propre confcience les leur infpire ; ils les rejettent. Leur efprit cherche de vaines objections. Ils s'arrêtent à la première qu'ils trouvent, avec la même confiance, que fi la nature même y répugnoit ; avec la même confiance, que fi depuis des fiècles, des tentatives les plus confidérables, comme il feroit certainement digne d'en faire, répétées plufieurs fois, euffent été vaines. Ils ne voient aucune apparence aux fuccès que pourroient avoir les efforts faits pour la moindre des guerres, s'ils étoient, en place, dirigés vers ce but humain. Quoi ! un impofteur, fans autre moyen que l'enthou! fiafme, a pu courber, fous le joug de fes menfonges, tant de peuples divers; & la vérité armée de tout ce qui peut la faire tiompher, ne pourroit jetter des racines chez d'autres, à qui l'on ne peut faire un reproche fans le voir retomber auffi-tôt fur les Européens qui les fréquentent?

On ne peut, dit M. Lamiral (1), s'empêcher de regarder avecune forte de vénération plufieurs de leurs vieillards, dont le teint bruni, des cheveux & une longue barbe blanche, un coftume qui reffemble à celui dans lequel on nous repréfente nos Apôtres & les premiers Patriarches de l'églife, réveillent des idées faintes & refpectueufes. On fe croit tranfporté dans ces contrées, berceau du genre humain. Il femble que l'on eft dans l'âge d'or, temps heureux où l'homme avoit moins de paffions encore que de befoins, où ceux-ci fe bornoient à la fimple vie animale. Malgré cet extérieur vénérable, ces peuples ont bien des vices; mais

Les reproches que méritent les Maures, retombent fur les Européens.

____

(1) Page 144.

oſerai-je le dire, à la honte des peuples po-
licés, de ces peuples qui ſe glorifient des arts
& des ſciences qu'ils ne cultivent que pour
pouvoir aſſervir & enchaîner une partie du
genre humain? oſerai - je le dire? *c'eſt eux
qui ont porté la dépravation & tous les vices
chez ces Nations qui vivoient ſous les loix de
l'innocente nature*, qui ne connoiſſoient point
les beſoins que nous leur avons fait naître
& *d'où ſont nés les brigandages, les vols,
les aſſaſſinats?* Ils ne connoiſſoient pas nos
armes à feu avec leſquelles ils imitent les fu-
neſtes exemples que nous leur avons donnés
de ſe détruire d'une manière plus prompte &
plus meurtrière. Ils n'avoient rien, ne connoiſſoient rien; parconſéquent ils ne pouvoient rien déſirer; quel eût été leur pré-
texte pour ſe faire la guerre, pour s'aſſaſſiner?
*Dans ce moment même ne leur mettons-nous
pas tous les jours les armes à la main?* ne
fourniſſons-nous pas des moyens de deſtruc-
tion, ſoit à l'un, ſoit à l'autre, ſelon que
notre intérêt nous le dicte? *N'eſt-ce pas pour
nous livrer des eſclaves, qu'ils vont porter le
FER & le FEU, chez ces malheureux Nègres
dont ils EMBRASENT les habitations, dont ils
RAVAGENT les récoltes? N'eſt-ce pas pour nous*

qu'ils arrachent l'enfant du sein de sa mère, la femme des bras de son époux ; le père à toute sa famille ? Et des familles, des villages entiers ne deviennent-ils pas la proie de ces infâmes ravisseurs, que nous soudoyons pour désoler & dévaster d'immenses contrées ? Les déserts les plus sauvages, les montagnes les plus arides, les climats pestiférés, rien ne peut arrêter notre désastreuse ambition ; & nous osons dire que les arts ont adouci nos mœurs ! Et nous osons appeller barbares des peuples que nous traînons dans les fers ! Les tigres, les lions, les animaux les plus féroces, parmi lesquels ils vivent, sont bien moins dangereux, pour eux, que ces Nations douces & aimables, qui vont porter le poignard dans leur sein ! Qui, d'eux, ou de nous, sont des barbares ? Prononcés, sibarites vains & cruels ! »

C'est ainsi que s'exprime un témoin oculaire, & des vertus de ces peuples que nous corrompons, & des crimes que nous leur faisons commettre. Pour les déguiser, il est aisé sans doute aux vrais coupables, de dire en Europe, sans persuader heureusement aujourd'hui personne, que les pauvres Noirs que nous faisons périodiquement & plusieurs fois chaque année, piller, voler, incendier, par les

Maures (1), font des monftres anthropo-
phages, qui tiennent marché de chair humaine (2). Mais ces affertions dénuées de
preuves, contredites par tous les témoignages,
ceux mêmes qu'on peut le moins fufpecter,
fuffent-elles vraies, juftifieroient-elles les crimes dont les accufent leurs propres défenfeurs?
Non, fans doute (3). Ils font avoués & no-
toires ces crimes. Un peuple que nous corrompons les confomme pour nous ; ce peuple,
rempli de qualités précieufes, les tourne toutes
vers le mal, pour fatisfaire les goûts & les
paffions que nous lui infpirons avec adreffe ;
malgré tous les fophifmes, dont on s'entoure ;
dans l'aveuglement volontaire où l'on perfifte,
nous reftons, donc, refponfables & du mal que
ce peuple perverti commet, & de celui qu'il
eût pu empêcher, fi au lieu de vices & de
crimes, nous lui euffions infpiré des vertus,

---

(1). Voyez la gravure qui eft à la page 146 de
l'ouvrage de M. Lamiral, qui repréfente « comme
» les Maures prennent les efclaves ».

(2) *Obfervations*, &c. par les Capitaines du
Hâvre-de-Grace, navigans à la côte d'Afrique, p. 3,
fans nom d'Imprimeur.

(3) Voyez la réponfe de Clarkfon à M. Mofneron
de l'Aunai, citée plus haut.

John

John Barnes, Membre du Comité Africain d'Angleterre, interrogé le 27 Mai 1789, dans la Chambre des Communes, s'il savoit, que les Maures traverfaffent le Sénégal pour aller de l'autre côté, faifir par furprife des Nègres & les livrer enfuite aux Européens, comme efclaves, a répondu & *affirmé* deux fois qu'il étoit certain, d'après fon féjour dans le pays & la correfpondance qu'il y a long-temps entretenue, que rien de femblable n'avoit lieu. (*Voyez page 32 du procès-verbal*).

Cette contradiction pofitive avec le rapport de M. Lamiral, qu'on ne peut fufpecter, prouve ce qui déjà a été mis en évidence en Angleterre, que ceux qui combattent l'abolition de la Traite ne font aucun fcrupule, dans leurs dépofitions, d'altérer, chacun à fa manière, les faits qu'ils favent & qui nuiroient au parti qu'ils ont réfolu de défendre. Mais de même qu'il arrive à tous les complices, ils fe contredifent. Il eft donc bien impoffible que le rapport de ceux qui ont eu également part à ce commerce & qui l'accufent, joint à celui des voyageurs impartiaux & aux inftructions qu'ils donnent, ne faffe tomber la balance en faveur de l'abolition.

Les défenfeurs de la Traite des Noirs & de l'efclavage ont bien vu que tout en écrivant pour leur caufe, M. Lamiral les trahiffoit, en laiffant parler trop fouvent fa confcience fans aucun déguifement. Ils ont fenti que leurs adverfaires, les Amis des Noirs, pourroient leur dire, *habemus confitentem REUM.* Mais que fait le témoignage de M. Lamiral, quand on a déjà tout ce qu'il faut pour porter cette caufe à l'évidence ? Ceux qui ont été fi troublés de voir l'avantage qu'on pouvoit tirer de l'ouvrage même de cet écrivain, témoin oculaire, ignorent qu'il n'eft point le feul qu'on ait dans cette caufe, qui avoue, comme lui, fes propres fautes & celles de ceux qu'ils veulent juftifier & défendre.

Voyez le *rapport des Lords du Comité du Confeil, nommé pour l'examen de tout ce qui a trait au Commerce & Colonies étrangères, préfentant à SA MAJESTÉ les PREUVES & les INFORMATIONS qu'ils ont recueillis en conféquence des ordres de Sa Majefté, donnés dans fon Confeil le 11 Février 1788, fur l'état actuel du commerce d'Afrique, & particulièrement fur celui des efclaves; ainfi que fur les effets & les conféquences de ce commerce, auffi bien en AFRIQUE & dans les INDES OCCIDENTALES, que pour le commerce général de fon Royaume, publié & imprimé à Londres en 1789, en un vol. in-fol.* de près de 1000 p.

Cet ouvrage, qui renferme indiftinctement, fans alteration, comme fans choix, les témoignages donnés par des perfonnes intéreffées fans doute, & envoyées exprès par les défenfeurs de la Traite & de l'efclavage : mais il donne auffi ceux des perfonnes fur les lumières, l'honneur & la probité defquelles on peut parfaitement compter. On y trouve encore une collection précieufe des informations prifes & reçues de divers côtés & des lieux les plus éloignés, fur les RÉSULTATS GÉNÉRAUX des différentes branches du commerce de l'Afrique, ainfi que de celles des Indes Occidentales. Ces informations font toutes inftructives, & fur-tout indifpenfablement néceffaires pour juger de la vraie nature du commerce des efclaves & de fes effets. Ce travail immenfe a été publié en Angleterre pour l'inftruction de cette caufe, que l'humanité & l'intérêt *vrai des Nations* pourfuivent feuls, quoiqu'on en dife, au tribunal de la raifon. Il contient les lumières les plus précieufes fur l'état actuel de l'Afrique, pour tous ceux généralement qui y ont intérêt. Il méritoit donc bien d'être pris en confidération, par ceux qui viennent hardiment donner au public leur propre & feul témoignage, pour règle de ſes opinions & de ſes ſentimens, ſans s'embarraſſer ſi l'intérêt qu'ils ont & qu'ils ne ſauroient cacher, ne les rend pas, juſques à un certain point, récuſables.

Les minutes des preuves, ſur l'état actuel du commerce des eſclaves en Afrique, priſes devant le Comité de la Chambre des Communes, formé de toute la Chambre, & qui avoit été chargé de conſidérer les circonſtances du commerce d'eſclaves, contre lequel s'élèvent différentes pétitions préſenſentées à la Chambre, pendant la précédente ſeſſion du Parlement :

Ces minutes, qui renferment les dépoſitions des témoins offerts pour la défenſe de la Traite, dont M. Moſneron chez nous, probablement ſans les avoir lues lui-même, a voulu ſe prévaloir, & que M. Clarkſon a ſi victorieuſement réfutés, ont auſſi été imprimées. Maintenant on entend à cette heure les dépoſitions contraires, ces dépoſitions redoutables aux Armateurs de Liverpool, qu'ils eurent l'adreſſe, l'année dernière, d'écarter juſques à la fin de la ſeſſion, pour retarder le jugement qu'ils redoutent. Toutes ces informations publiques ſont livrées à la diſcuſſion, non pas ſeulement de l'Angleterre, mais de l'Europe, du monde entier.

Mille autres productions (1) ont encore raffemblé des lumières fur cette affaire importante & célèbre. Elles ont été recueillies avec foin de perfonnes impartiales : c'eft avec tous ces matériaux qu'on difcute en Angleterre : & en France, ceux qui veulent écrire fur une matière qu'ils ne connoiffent pas, imaginent tout favoir, parce qu'ils auront armé ou commandé un navire pour l'Afrique. Ils donnent *defpotiquement* leurs opinions teintes de tous les préjugés de leur état, de leur éducation, de leur intérêt, pour loi, à une Nation entière; & il n'eft pas d'horreurs qu'ils ne débitent, contre ceux qui s'efforcent de préfenter les autres témoignages, fans lefquels il eft impoffible qu'elle puiffe juger, avec fageffe, une caufe que toutes les paffions réunies, doivent s'efforcer de dénaturer (2).

---

(1) Voyez entr'autres *la fubftance des lumières données par diverfes perfonnes fur le commerce des efclaves, recueillies dans le cours d'un voyage fait dans l'automne de l'année 1788,* à Londres, chez Jean - Phillips - George Yard, Lombard Street, 1789.

(2) Voyez l'abfurde libelle intitulé : de l'*État des Nègres,* relativement à la profpérité des Colonies

Ces foulèvemens de l'intérêt propre, plus menaçans chez nous qu'ils n'ont jamais été chez nos voifins (1), s'appaiferont, fans doute, quand on fera convaincu que la morale n'eft pas plus étrangère au calcul de l'intérêt propre bien entendu, pour les peuples, que pour les individus. Mais jufques à préfent, fi l'on eût jamais raifon de remarquer les vues courtes & les fentimens fordides & étroits des Commerçans, c'eft fur-tout, quand on a médité un peu, fur les avantages qu'ils auroient dû procurer à leur Patrie, depuis qu'ils fréquentent les côtes d'Afrique. Le commerce criminel qu'ils y ont fuivi, a frappé de ftérilité, pour eux & pour l'Europe, une des plus grandes

Reproches aux Commerçans.

Françoifes & de leur métropole, fans nom de Libraire ni d'Imprimeur, & le difcours imprimé de l'Imprimerie de MONSIEUR, lu au Diftrict des Filles S. Thomas de Paris, par M. Magol, dans lequel ce Citoyen encadre cet ouvrage, auffi méchant qu'abfurde, d'une manière, en tout, digne de l'original.

(1) Des Colons ont porté l'aveuglement jufques à menacer de poignards & de toute l'attrocité des affaffins, des Amis des Noirs, dans les galeries mêmes de l'Affemblée Nationale, à Verfailles ! ! !

fources des richeffes qui ayent jamais exifté :
& ce commerce abominable dans fa nature, a
tellement perverti les peuples avec lefquels
on le fait, & les agens qui le conduifent, qu'on
ne fauroit à quoi comparer les peines infinies,
la mauvaife foi infigne, les horreurs enfin qui
l'accompagnent (1).

Si ces reproches faits aux commerçans,
font juftes, ceux que méritent les hommes
en place qui ont eu la confiance des Nations de l'Europe, font bien plus graves encore.
C'eft en effet fur eux qu'ils retombent tous ;
c'eft à eux qu'il faut s'en prendre des erreurs,
des fautes, des crimes même de ces citoyens
utiles, qu'on n'a jufques à préfent protégés
que par la vue fordide & mefquine de
retirer d'eux une partie des richeffes qu'ils
recueillent.

Qu'attendre de Gouvernemens defpotes,
de Princes avares, de Miniftres pervers, tous
entourés de courtifans avides ? Pas un fentiment humain, pas une mefure dictée par la
pure & fainte humanité. Auffi, voyez ce
qu'offre l'hiftoire des établiffemens des Européens dans les deux Indes ! mais mainte-

Repro-
ches aux
Gouverne-
mens.

---

(1) Page 98.

nant que la France n'a pas de citoyen qui ne doive élever fon ame à la hauteur de celle d'un légiflateur, eft-ce trop efpérer que d'attendre de fes commerçans une élévation proportionnelle dans leurs fentimens & l'objet de leurs entreprifes? Eft-ce trop efpérer quand la Nation la plus généreufe, la plus éclairée, la plus capable de tout, eft là pour les encourager elle-même, les aider & les applaudir?

M. Lamiral prétend dans d'autres notes, nous inftruire *au vrai* des peuples qui fe trouvent au-delà de la rive gauche du Sénégal. Ce font les NOIRS, peuples malheureux, défolés par leurs voifins les Maures, trahis par leurs Rois, ennemis de leur propre liberté, la proie de tous les hommes civilifés & corrompus qui ont befoin d'efclaves; peuples qui intéreffent au plus haut degré l'humanité par leurs malheurs & les maux qu'ils fouffrent, comme la philofophie, par leur bon naurel, leur amour pour la paix, leur vivacité, leurs mœurs fimples, & ce qui étonnera, par l'égalité qui règne chez eux, au moins pour la plupart; & le voyageur ou commerçant que je réfute, nous repréfente cette race malheureufe & digne d'un meilleur fort, même de fon propre aveu, comme condamnée par la nature à toutes les fouffrances, parce que l'on croit favoir que de temps immémorial il s'eft trouvé des hommes affez méchans pour abufer de la timidité de ces peuples (1).

Le caractère des Noirs eft doux, confiant, timide fi l'on veut, mais pacifique ; aimant par-deffus tout le repos, comme tous les peuples qui ont des mœurs fimples, peu de befoins & un fol qui les fatisfait aifément. La fuite non interrompue de toutes les fortes d'iniquités qui, depuis tant de fiècles, s'exercent chaque année plufieurs fois contre eux, n'a pu altérer cette partie de leur caractère ; femblables aux pauvres *Indous*, qui toujours fubjugués, le feroient encore mille fois, qu'ils continueroient d'enrichir leurs tyrans, de les refpecter, de les craindre, & même de les aimer.

M. Lamiral, fans le vouloir, fait affez bien reffortir, en plufieurs endroits, cette bonté qui eft la bafe du caractère des malheureux Noirs. Outragés comme ils le font depuis fi long-temps, leur timidité peut offrir, aux méchans fur-tout, un vafte moyen pour les rabaiffer ; mais malgré ce qu'on peut en dire, leur bonheur, quand on les laiffe tranquilles,

Leur ca-
ractère.

---

(1) Page 178.

leur exiſtence près de la nature, ont un attrait qui ſe fait ſentir au fond du cœur, & dont on ne ſe détache point, malgré l'idée de la pénurie de toutes les commodités de la vie, dans laquelle M. Lamiral les repréſente, & cela bien à deſſein (1).

L'auteur d'un voyage moderne au pays de Bamboue (2), s'étonne (3) que les écrivains de voyages aient oſé métamorphoſer *cette riche & fertile contrée, en un déſert ſec & aride* (4). Il auroit dû ſentir que les commerçans d'eſclaves ont voulu repréſenter les Noirs comme des êtres ſi malheureux chez eux, qu'ils nous avoient obligation de les en tirer. L'on a donc déguiſé les reſſources des pays qu'ils habitent, leurs qualités morales, leurs avantages politiques & civils, ainſi que tous les autres moyens que la providence leur a départi pour être heureux où elle les a placés, & cela, ſoit qu'on eût réellement des remords du commerce qu'on faiſoit de l'eſcla-

Menſonges des Commerçans d'hommes.

----

(1) Page 168.

(2) Il ſe vend chez Defer de Maiſon-neuve, rue du Foin S. Jacques, 1789.

(3) Page 44.

(4) Lamiral, page 321.

vage d'hommes, la plupart libres chez eux, dont on pouvoit en place tirer tant d'autres avantages (1) ; foit que ceux qui pouvoient feuls les faire connoître, craigniffent des changemens ou des rivaux dans leur trafic ; foit auffi qu'ils aient eux-mêmes, quelquefois, manqué de lumières.

M. Lamiral, en effet, & les autres commerçans qui n'ont point ofé ne pas faire mention de la fertilité exceffive de quelques parties de ces contrées, en ont très-mal décrit les productions, & ils ont toujours exagéré l'influence du climat, pour les faire regarder comme abfolument perdues.

Le premier, par exemple, parle des bois les plus épais : leurs arbres couvrent dans quelques parties, par leurs rameaux étendus, le lit du Sénégal. Ils couvrent en abondance de leurs fleurs, les bateaux qui paffent fous les berceaux qu'ils forment fur cette rivière. Le parfum que ces fleurs exhalent, eft fi violent, que les voyageurs en font incommodés. Les arbres font chargés d'une multitude d'oifeaux ; des prairies immenfes, toutes

Leur inexactitude volontaire.

---

(1) Voyez ce voyage nouveau, au pays de Bambouc.

émaillées de fleurs, font couvertes d'animaux ; les éléphans, ces animaux qui ont befoin d'une nourriture fi copieufe, abondante & facile, s'y voient par troupeaux. La rivière fourmille de poiffons & d'amphibies ; & M. Lamiral ne nous décrit pas une plante, pas un animal de manière à fatisfaire. Si l'on prend néceffairement l'idée du pays le plus abondant qui exifte, malgré les landes de fables qu'il peut renfermer, à peine trouve-t-on dans cet auteur, quelque mention des productions les plus communes. Cependant, que de chofes connues, combien d'autres qui ne le font point encore, précieufes pour nos arts & nos confommations en général, ce pays, le plus mal obfervé encore, par ceux qui le fréquentent, ne renferme-t-il pas ?

On trouve dans le père Labat, quoiqu'en dife M. Lamiral (1), des détails plus précis. Cet auteur écrivoit pourtant fur des mémoires d'autres marchands, & dans un temps où l'étude de la nature n'avoit point fait les progrès qui aujourd'hui mettent un voyageur à même d'inftruire fes concitoyens de la manière la plus précife, de tout ce qu'il voit.

---

(1) Page 170.

Quoiqu'il en foit, la defcription que fait le père Labat, de la route faite vers 1720, de Gorée au Sénégal, par terre, montre dans cette étendue un pays fabloneux, mais qui ne laiffe pas, dit-il, d'être fertile, parce qu'il eft fort bien cultivé, & que les pluies femblent y engraiffer la terre (1). Ce n'eft pas là l'idée d'un défert, d'une côte impraticable, comme M. Lamiral voudroit la repréfenter, dans une étendue de trois cents lieues (2). Il avoue, il eft vrai (3), que le fol paroît plus intéreffant & moins miférable en remontant un peu la rivière. C'eft-là où il nous repréfente la nature dans toute fa parure & fon luxe, mais terrible aux étrangers, quoique bienfaifante aux mulâtres & aux Nègres qui font dans leur climat.

Ce pays, comparable par tant de côtés à l'Egypte, doit avoir fans doute befoin, comme elle, de la main de l'homme, pour le rendre fain. Cependant, fi les Européens, aidés de tous les fecours & les foulagemens

Climat. fon influence fur les Blancs & les Noirs.

---

(1) Ch. 10. — T. 4. — de fa *nouvelle relation de la côte d'Afrique Occidentale*, page 154.

(2) Page 69.

(3) Page 70.

qu'ils peuvent fe procurer, y fuccombent à l'influence du climat, & fur - tout à celle des caufes qui lui font fecondaires, ceux qui font acclimatés y réfiftent de la manière la plus facile. L'on y voit les Nègres & les Mulâtres fupporter des peines & des travaux étonnans; & cela avec une gaieté bien plus remarquable encore dans des hommes que l'Auteur, qui la rapporte & qui en a été té‑ moin, s'efforce d'avilir (1).

Contra‑dictions de M. Lami‑ral.

Ainfi M. Lamiral nous a peint la nature la plus animée, dans la plupart des lieux qu'il a traverfés (2), & il prétend qu'au-delà, ceux qu'il n'a pas vus, n'offrent que des fables brulans, où les malheureux Noirs font fou‑ vent réduits, par la famine, à dévorer eux‑ mêmes les fauterelles qui dévorent leurs moif‑ fons (3).

Il dit cependant ailleurs très-pofitivement qu'il a pénétré dans ce qu'il appelle de vaftes déferts (4), & qu'habitent felon lui-même, des nations nombreufes. Il a fait, dit-il, plus

----

(1) Page 289.
(2) Pag. 280. — 282.
(3) Pag. — 168 — 159.
(4) Pag. — 168.

de deux mille lieues dans ces *triftes contrées* (1)
& il certifie, comme les autres voyageurs, la
prétendue ftérilité du pays des Bamboucs (2).
Ce pays, que nous connoiffons heureufement
un peu mieux aujourd'hui, & qu'il auroit dû
atteindre dans l'étendue de fes courfes, méritoit cependant qu'il en parlât autrement. Tous
les pays qui font arrofés & couverts, comme
celui-là, dévoient faire quelque exception, à
la ftérilité qu'il affirme, de toutes les parties
intérieures de l'Afrique (3). Mais, ou bien
cet Auteur a partagé les préjugés & les erreurs fur ces contrées, de fes prédéceffeurs,
ou bien il a connivé avec eux pour les per-
pétuer.

Dans un pays ftérile ou tellement fujet à la famine, comme on repréfente ceux-là, comment
fe trouveroient par troupeaux nombreux les
animaux qui dévorent le plus de nourriture vé-
gétale ? Ils détruifent, dit M. Lamiral, quelquefois les récoltes des Noirs. Ceux - ci font
alors de nouvelles fémailles; « mais l'on peut
penfer, dit-il ici, combien peu leur fuffit ;

---

(1) Pag. — 168.
(2) Pag. — 321.
(3) Pag. — 168.

puisqu'un seul grain de millet produit CINQ ou SIX ÉPIS plus gros que les DEUX POINGS, qui contiennent des milliers de grains » (1). Qu'elle contradiction & qu'elle impossibilité dans elle, d'imaginer dans un même pays, stérilité ou famine, & en même-temps une population d'hommes & d'animaux qui étonne (2)! Mais, on le fait, & M. Lamiral le prouve; la contradiction est toujours inévitable à ceux qui veulent déguiser, défendre ou justifier le crime : elle est reconnue pour être le caractère infaillible qui les distingue.

Dans d'autres endroits, cet Auteur inconcevable prétend peindre, « avec franchise, toute l'horreur que lui inspire le commerce des Noirs & ses funestes effets : » (3) & il semble n'avoir fait son livre que pour défendre ce commerce, dont il avoue l'infamie. Il le justifie par tous les sophismes les plus étranges : selon lui, il est indispensable de le continuer. Mais par accommodement & *pour calmer le généreux enthousiasme des protecteurs de la liberté,* » il permettroit que les Mulâtres

____

(1) Pag. 161.
(2) *Sine vino & cerere, friget ubique venus !*
(3) Pag. 177.

fuffent ,

fuffent, dans les Colonies, admis au rang de Citoyens, *à la feconde génération* (1); comme fi l'on en étoit à pouvoir leur refufer dans les Colonies, ce que le Tiers-Etat a pris à la fin de force en FRANCE,

Le Noir n'eft, felon M. Lamiral, qu'un homme ftupide près de la brute. Il n'en eft féparé, à fon avis, que par un intermédiaire dont je n'ai jamais ouï parler, qui vit en fauvage dans les bois, & ne conferve pas même de fociété avec fa femelle. Cet inter-médiaire fe trouve près des côtes (2), & cet auteur, ne cite l'autorité d'aucun obfer-vateur qui attefte fa reffemblance avec les hommes dont il s'agit. Mais quelque foit cet être, M. Lamiral place le Noir au-deffus. Il ne le dépouille pas de l'humanité (3), & cependant il le range parmi les animaux faits pour nous fervir. Auffi eft-ce le lieu où cet auteur réunit tous fes efforts pour faire def-cendre ces malheureux au-deffous de la na-ture des blancs, vers celle des animaux, près defquels les Colons & lui-même, pour la tranquillité fans doute de leur confcience, ont

____

(1) Page 208,
(2) Page 182.
(3) Page 169.

beſoin de les ranger (1). Il fait pour cela un abus étrange de la philoſophie. Il cite Buffon, Homère, pour étayer ſon paradoxe, qui couvre l'erreur la plus groſſière & la plus dange- reuſe (2). Chaque être, dit-il, ſelon la place qu'il occupe, eſt doué d'une plus ou moins grande portion de la divine intelligence. Ainſi, pour rabaiſſer l'homme, il élève les animaux.

Il nous départit enſuite très-inégalement la portion de divine intelligence qu'il aſſigne à l'homme, & l'on ſent bien les conſéquences qu'il en tire. Les pauvres Noirs qu'il ſuppoſe en avoir le moins reçu, doivent être nos eſ- claves. C'eſt ainſi que M. Lamiral déſerte les principes qui établiſſent à jamais la dignité de tous les hommes; c'eſt ainſi que lui, qui s'élève avec vigueur contre l'oppreſſion, abjure témérairement la doctrine qui à jamais la proſcrit. Ainſi, défenſeur dans quel- ques endroits de ſon ouvrage de la liberté, il l'a dépouille dans celui-ci, en inſenſé, d'une

Principes qui tendent à faire mé- connoître la dignité de l'hom- me.

_____

(1) Voyez auſſi page 198.

(2) Voyez la note 9 de l'ouvrage intitulé : *Incon- véniens du droit d'aîneſſe* 1789, où on a réfuté l'opinion de M. Jefferſon, ſur l'infériorité des Nègres, & celle de Buffon, ſur l'infériorité des Américains.

égide immortelle & impénétrable. Il livre
l'homme au couteau de qui voudra l'égor-
ger; car, de conféquence en conféquence,
qui pourra arrêter le tyran, qui, fans diftinction pour la couleur de la peau, calculera
dans fes victimes, le degré de portion divine
qu'il voudra y refpecter ? ou bien, qui pourra
réfuter celui qui prétendra que les fept hui-
tièmes de l'humanité, qui jufques à préfent
fe font laiffés, en vrais imbécilles, fouler,
font des bêtes, & le furplus, des Dieux créés
pour commander ? Certes, cet abandon des
principes qui veillent éternellement fur les
droits de l'homme, & en même temps, un
amour pour la liberté qu'on n'ofe pas fufpecter, ne font pas les moindres des inconfé-
quences, des contradictions de M. Lamiral &
de beaucoup de ceux qui ont écrit pour défendre la même caufe. Qu'ils fongent donc,
s'ils font fincères, que le defpotifme que nous
venons de renverfer, fuivoit la même marche.
Voyez comme il avoit miné tous les principes
religieux, bien plus, pour fe défaire d'une
cenfure incommode, que pour fe débarraf-
fer d'un corps puiffant (1).

____

(1) Lifez les *vœux d'un patriote*, ouvrage imprimé à *Amfterdam* en 1688. Les tyrans ont toujours

Les préjugés & la prevention de M. Lamiral, percent d'une manière fenfible &
même choquante, dans tout ce qu'il dit pour
rabaiffer les Noirs au‑deffous d'eux‑mêmes.
« Ils font, dit-il, la plupart plongés dans la
plus profonde idolâtrie ; & hors de leur pays,
ils oublient les objets de leur culte. Ceux qui
adorent le foleil, lui font des facrifices d'animaux. J'en ai interrogé beaucoup, continue‑
t-il, fur leur pays, mais ils font fi ftupides,
qu'il eft prefque impoffible d'en tirer une
notion claire. On feroit tenté de croire qu'on
les prend en troupeaux, &c. (1) ».

Noirs Bambar-ras. Les perfonnes inftruites comment les
Noirs qu'on appelle *Bambarras*, & dont il
s'agit ici, font amenés de leur Patrie, éloignée
de cinq à fix cents lieues de l'ifle Saint-Louis,
où M. Lamiral les a interrogés ; ceux qui
connoîtront tout ce que ces malheureux ont

---

haï ceux qui ont travaillé à foutenir ou relever la di‑
gnité de l'homme. C'eft la vrai caufe de la fureur des
perfécutions que les premiers chrétiens ont effuyées
fous les Empereurs : & c'eft auffi la caufe des em-
portemens & des injures auxquels s'abandonnent les
partifans de l'efclavage.

(1) Page 185.

à souffrir avant d'arriver à Galam, & la manière dont ils font tranfportés de Galam au bas du Sénégal (1), feront-ils étonnés que, dans leur abattement, ils paroiffent aux gens affreux qui voient leurs maux fans les reffentir, des efpèces d'automates ? D'ailleurs, ces malheureux qui parlent un langage inconnu, peuvent-ils éviter l'accufation que leur fait M. Lamiral de ne pas répondre, fur-tout fi des ames fenfibles & humaines ne les approchent pas ? Et quand à leur culte, qu'y a-t-il à en inférer ? Nos pères étoient-ils plus éclairés ? Nous-mêmes, peut-être, ne fommes-nous pas plus inconféquens ?

Mais pour montrer combien le befoin de déprimer le caractère des Noirs, a égaré M. Lamiral dans les raifonnemens qu'il a fait pour y réuffir, je citerai ce que le père Labat, qu'on ne foupçonnera pas de favorifer la défenfe des Noirs, à laquelle je ne fache pas qu'il ait fongé, dit de ceux de Bambarras, dont il eft queftion. Ils font, fuivant lui, d'un naturel doux, « robuftes, & ne *manquent pas d'efprit* ». Mais il fuppofe que la nature

____

(1) Voyez ces détails dans l'ouvrage de Wadftron, cité ci-après.

leur a donné la servitude en partage, « parce qu'ils supportent mieux que d'autres le travail qui y est attaché ». —— Du reste, « ils aiment leurs maîtres, & ne font point sujets à s'enfuir, à se révolter & à se désespérer comme ceux qui viennent des côtes (1) ».

Il falloit bien que M. Lamiral calomniât les Noirs, pour ne reconnoître en eux qu'un instinct : il n'en fait même que des machines, & cependant il faut qu'il explique des traits étonnans, des qualités connues & évidentes, qui, dans les personnes des Noirs, frappent les hommes blancs les plus grossiers. Leur courage, quand il se réveille, n'est, selon lui, que la férocité des tigres (2); leur ingénuité, qu'une inaptitude absolue à la prévoyance & au calcul. Après les avoir montrés d'une insensibilité qui étonne, d'une paresse que rien ne peut surmonter (3), on les trouve ailleurs d'une constance dans les travaux, d'un courage & d'une force à toute épreuve (4).

---

(1) Tome IV, p. 85.

(2) Pag. 256 —— 260.

(3) Page 199.

(4) Pag. 277 —— 287.

Ce font ici des êtres qui font, tous, dans la dernière dégradation (1) ; & le moment d'après, M. Lamiral (2) convient de bonne-foi que dans les points qui font les plus effentiels au bon ordre de la fociété & à ce que l'homme fe doit à lui-même, *les Nègres font plus fages que nous* (3). Auffi, leur vie fimple dans leurs villages tranquil'es, leurs paffe-temps innocens, toujours entourés de leurs familles, leurs chanfons expreffives & tendres, leurs danfes & leurs fêtes le féduifent lui-même (4) : il revient plus d'une fois à les peindre, comme fi, fatigué de nos crimes, qu'il avoue en mille endroits, il regrettoit d'avoir jamais eu d'autres tableaux que ceux de la vie innocente & privée d'ambition de ces peuples.

Ici perçe fur-tout l'injuftice de l'homme. M. Lamiral charge ces peuples dont il eft obligé malgré lui d'eftimer le caractère naturel, de toute la laideur des vices & de toute la baffeffe de la dépravation que nous leur avons communiqués.

Injuftice
de M. Lamiral.

---

(1) Pag. 199 — 246.
(2) Pag. 263 — 270.
(3) Pag. 265 — 270.
(4) Pag. 267 — 268.

Corrompus par nos exemples, & féduits par nos marchandifes, paroiffent-ils injuftes ou cruels entre eux? Quelquefois, fuivant un fentiment bien jufte, nous rendent-ils le mal que nous leur faifons? Cet écrivain laiffe tout à leur charge. Sans le taxer d'exagération dans les faits, ou d'infidélité en rapportant au général ce qui eft particulier, n'eft-il pas évident que de la manière dont les Européens communiquent depuis fi long-temps avec ces peuples, il faut mettre fur le compte des premiers, tous les vices & tous les crimes de ceux-ci, lefquels tiennent effentiellement à l'influence qu'ils reçoivent de notre commerce infâme, & des mœurs néceffairement perverfes de la plûpart des agens qui traitent avec eux fur des principes auffi illiques?

Que dire en effet des communications directes ou indirectes, que les Européens ont avec les peuples Noirs? Le récit d'hommes qui les pallient, de marchands qui, complices de l'iniquité, la déguifent (1); d'écrivains qui,

---

(1) Voyez l'interrogatoire au Comité de la Chambre des Communes d'Angleterre, des témoins préfentés par les Confeils des villes de Liverpool, &c.

la plume à la main, combattent leur confcience, & repouffent dans leur cœur, les cris
de l'humanité ; ce récit, tout adouci qu'on
peut le croire, révolte encore quiconque conferve quelque fentiment de la juftice (1).
Mais, en même-temps, ce qui étonne, c'eft
la prétention de ces efprits prévenus & aveu-
glés de connoître feuls les relations du commerce, fes principes & tout ce que les loca-
lités & les circonftances lui offrent ou lui en-
lèvent. Certes, ce n'eft point en leur parlant
qu'il faudroit faire entrer dans les élémens du
commerce, l'intérêt général de l'humanité,
intérêt vrai de toutes les nations particulières,
bafe effentielle de toutes les relations extérieures des peuples. Comprendroient-ils quelque chofe à ce que l'on défire, par le progrès des lumières & leur communication ; la
civilifation des peuples barbares & la réforme
des peuples énervés ; eux qui ne voient en
tout & partout que des pays à dominer ; des
hommes à couvrir de chaînes ; de l'or à ex-

Préten-
tions vai-
nes des
Commer-
çans.

—— & la lettre de M. Clarkfon, citée plus haut, à
M. Mofneron, au fujet de ces témoins au nombre
de quatorze.

(1) Pag. 237 — 255.

traire ; des marchandifes à acheter à vil prix ou à vendre au taux le plus élevé ; tout en dernier lieu, les productions effentielles, qui nous nourriffent à faire produire, & jamais l'homme qu'il faut inftruire & répandre fur toute la furface de la terre, pour que libre, inftruit, heureux, il rende partout hommage à l'Eternel (1) ? Toutes ces grandes idées qui,

---

(1) Ce grand & vafte deffein qui fait, de toute la terre, une feule Monarchie & de touts les hommes une feule famille, doit maintenant être repris avec une nouvelle vigueur.

La propaganda fut-elle jamais ce que les Apologiftes de la Cour de Rome voudroient la repréfenter ? une réunion d'hommes Apoftoliques, dépouillés de tout intérêt vulgaire, nourris des doctrines les plus profondes, fidèles aux maximes les plus fublimes, & voués à appeller tout le genre humain à une même fraternité, au même bonheur comme, aux mêmes efpérances ? S'il fût jamais conçu, ce grand & fuperbe deffein, l'ambition le flétrit ; la tyrannie s'en prévalut ; elle le pervertit, & l'efclavage l'a fait oublier : il a même fait plus, il l'a rendu ridicule. …

Qu'il reffufcite donc aujourd'hui avec la liberté dans le cœur des peuples, ce projet immortel ! qu'ils ne s'en rapportent plus qu'à eux-mêmes pour fon

il faut l'efpérer, vont devenir communes, font reléguées par ces Meffieurs, *avec un haut dédain*, parmi les belles chimères des roman-

---

exécution ! Puiffe ce fiècle ne pas s'écouler fans voir une fédération d'un nouveau genre, celle de fociétés répandues chez toutes les Nations, vouées *à étendre généralement parmi les hommes, les heureufes in-fluences de la liberté & à rechercher & mettre en œuvre tous les moyens de la faire fleutr, dans tous les pays & fous tous les climats, également, pour tous les hommes.* Ce fera alors qu'on pourra vérita-blement réalifer ce beau projet de paix univerfelle, parce que les peuples fe communiquant ainfi eux-mêmes, s'affranchiront de l'intermédiaire de leurs chefs, de ces Rois, de ces Miniftres, dont l'orgueil ou l'ambition les a toujours mis en guerre. Voyez un nouvel ouvrage fur le projet humain & célèbre de *la paix univerfelle*, du vertueux Abbé de S. Pierre, depuis peu annoncé chez Maradan, Libraire, à Paris, rue St. André-des-Arcs, & la note neuvième de l'ouvrage intitulé : INCONVÉNIENS DU DROIT D'AINESSE, &c. qui fe trouve à Paris, chez *Viffe, Libraire, rue de la Harpe ;* & plufieurs autres paf-fages intéreffans de ce dernier ouvrage, fur *les Prêtres, la Religion, la Morale, la Bienveillance & la liberté univerfelles.*

ciers, ou tout au plus, dans le cerveau de quelques perfonnes qu'ils appellent des fanatiques, & qu'une politique perfide, étrangère & ennemie, berce & fait jouer, felon eux, pour la ruine de leur Patrie.

Il eft des chofes, fuffent-elles vraies, qu'il n'eft permis qu'aux ames étroites de foupçonner. Les hommes qui entretiennent leurs idées & leurs fentimens à une certaine élévation, rougiroient d'y fonger. Telle eft l'infâme politique qu'on ofe prêter à l'Angleterre, de n'affecter de parler de l'abolition de la Traite, de n'animer les amis de l'humanité, fur cette intéreffante entreprife, que pour jouer la France, l'engager à fe précipiter témérairement dans un deffein qu'elle rejette intimement pour elle; & afin de profiter enfuite, du défordre qu'on fuppofe devoir naître de cette opération, pour ruiner fa rivale, lui enlever fes Colonies, détruire le refte de fon commerce..... Que fais-je, ce qu'on n'ajoute pas encore, pour faire dépendre l'exiftence de l'empire françois, de quelques nouveaux efclaves, dont une poignée de marchands augmente chaque année la multitude de ceux qui exiftent déjà dans nos Colonies.

Maintenant que le foupçon en eft jetté; maintenant que, quelque ridicule qu'il foit, il eſt hautement avoué, & que les ennemis du bien public ſe prévalent d'une auſſi miſérable objection (1), on pourra juger, par cela ſeul, de leur bonne foi ou de la bonté des moyens qu'ils oppoſent.

Dans tous les cas, leur dirai-je, il eſt criminel d'étouffer les cris perçans de l'humanité, en invoquant la politique ? Que deviendroient les droits les plus ſacrés des hommes ; que deviendroit leur inviolable dignité, avec un pareil principe ? La religion & la philoſophie le reprouvent également, & tout cœur droit & pur s'en indigne.

» Il n'eſt pas moins abſurde, ici, d'objecter les embuches ſuppoſées d'une politique perfide. Ce nœud d'intrigue, que les Colons François, ces commerçans de nos ports & leurs adhérans, expliquent avec tant de complaiſance, n'a été, avant eux, ſoupçonné par

Réfutation de cette miſérable objection.

-----

(1) Page 221. Voyez auſſi la Réponse de M. Marc Mazois, Négociant, de Bordeaux, à une lettre d'un Ami des Noirs, inférée dans le Journal de Paris, le 13 Janvier 1790. A Bordeaux, de l'Imprimerie de P. G. Calamy, page 3. Voyez auſſi le libelle intitulé : *de l'Etat des ègres*, &c.

perfonne. Les marchands de *Liverpool* euffent
cependant dû faire les premiers cette décou-
verte, parce qu'elle les eût, en même-temps,
tranquillifés & réjouis : & l'on fait au contraire qu'ils n'en ont pas fufpendu, un inftant,
leurs craintes, ni leurs follicitations intéreffées.
Mais, en outre, conçoit-on que la multitude
des hommes éclairés & vertueux, qui com-
pofent la Société des Amis des Noirs de
Londres (1), pris dans les trois Royaumes

---

(1) N'a-t-on pas, avant cette Société, écrit en
faveur des Noirs ? Voyez une note étendue, four-
nie par M. Garat, à M. Roucher, & inférée dans
l'édition du Poëme de celui-ci, intitulé : *les Mois*,
(éd. *in-4°.* de 1779 — de l'Imprimerie de Quilleau,
page 128, tom. I.) où les droits des Noirs font
auffi clairement qu'invinciblement établis, & où
l'on démontre, fur-tout, la dépravation qui naît néceffairement de l'efclavage, les dangers qui menacent
les oppreffeurs, & l'intérêt par conféquent que les
maîtres ont, pour eux-mêmes, d'affranchir leurs
efclaves, s'ils font cas des bonnes mœurs, des fentimens juftes & droits, ainfi que de la paix & de la
fécurité, fans lefquelles il n'eft point de bonheur.

Quand M. Garat écrivoit cela ; quand M. l'Abbé
Raynal a écrit, avant lui, les mêmes chofes, il n'y

de l'Angleterre & même chez l'étranger, puiffent s'abaiffer à conniver, pour une perfidie,
avec des hommes en place, néceffairement
avilis, dans la fuppofition qu'on fait ? Conçoit-on, quelque pervers & profondément aftucieux qu'on veuille fuppofer des Miniftres,
que des hommes indépendans, auffi nombreux,
profeffant l'amour le plus pur de l'humanité
entière, avec une correfpondance auffi étendue que la leur, puiffent être la dupe, depuis fi
long-temps & dans un pays libré, d'une trame
infidieufe exprès ourdie ?   & s'ils pouvoient
l'être un moment, peut-on croire que dans
leur nombre, qui réunit tous les états & les
relations par conféquent de tous les genres,
perfonnes n'eût apperçu ces deffeins fuppofés
& mis au grand jour leur profondre & mépri-
fable noirceur ? Conçoit - on , enfin, qu'un
Miniftre qui a des titres à l'eftime de fon pays,

---

avoit point à Paris ni à Londres, de Société des
Amis des Noirs. —— Les Etats-Unis ne pouvoient
avoir développé les deffeins qu'on leur prête; l'Angleterre ne pouvoit donc pas les avoir elle-même
adoptés. —— Ceux qui foutiennent que les Amis des
Noirs de Paris font aujourd'hui foudoyés, auroient
au moins dû expliquer, comment ceux là l'ont été !!!

& à celle de la poſtérité, qui a des rivaux redoutables & des ennemis adroits, voulût expoſer ainſi gratuitement, à la face de l'Europe, ſon caractère ? Un peuple libre, jaloux par-deſſus tout, de ſa propre eſtime, avant de juger les motifs de ce Miniſtre, ni même ſes ſuccès, quand il pourroit en avoir, le voueroit au mépris, & il ſeroit perdu avant qu'il pût réclamer (1). Eh ! que lui reſteroit - il

---

(1) Il faut le dire aujourd'hui ! le deſpotiſme faiſoit oublier ſes bévues, & il cherchoit même à couvrir ſes propres noirceurs, en acréditant chez nous les calomnies qu'on a répandues, en divers temps contre le caractère du peuple Anglois. Les Miniſtres avoient en outre la maxime de diſcréditer, par-là, à nos yeux la liberté, ſes heureux effets, & les peuples qui, nos voiſins & nos rivaux, marchoient depuis longtemps vers la LIBERTÉ, quand nous reſtions toujours ſoumis aux pouvoirs les plus arbitraires & les plus tyranniques.

Voyez, en preuve de cette aſſertion, l'eſprit qui régnoit dans tous les Journaux, dont les Auteurs étoient ſtipendiés par nos tyrans. Au moyen du privilège excluſif qui leur étoit accordé, ils n'ont ceſſé de répandre périodiquement tous les menſonges qui en étoient le prix. Mais qu'aujourd'hui des impoſ-

d'ailleurs

d'ailleurs pour s'excuſer ? Nous oſons le dire, tous les hommes impartiaux en conviendront,: la politique qu'on lui prête , n'eſt comparable qu'à l'objection puérile qu'on prétend en tirer. L'on a prouvé à l'Angleterre que la traite lui eſt POLITIQUEMENT, très-nuiſible ; elle a mon-tré qu'elle le penſe généralement aujourd'hui, par la preſqu'unanimité des ADRESSES de ſes Villes & Corporations au Parlement , en faveur de l'abolition de ce commerce également impolitique & infâme (1) : & où eſt l'appa-

----

teurs croyent pouvoir profiter des préjugés qui ſe trouvent encore répandus contre une nation libre , que nous devons eſtimer , & qu'ils ſe flatent de ne pas être démaſqués au moindre examen ; c'eſt un aveuglement qu'eux ſeuls peuvent avoir.

(1) Quelques corporations de Fabriquans de France, tels que ceux de Rheims , ont reçu l'alarme des Armateurs & Planteurs : & elles n'ont ſu réſiſter à l'impulſion qu'ils leur ont donnée. Mais qu'elles réfléchiſſent qu'en Angleterre celles qui fourniſſent le plus de leurs marchandiſes au commerce d'Afrique, tel qu'il ſe conduit actuellement , n'ont pas moins demandé l'abolition de la *Traite des Noirs*. Il n'eſt pas , juſqu'à des artiſans qui fourniſſoient des fers deſtinés à enchaîner les malheureux eſclaves , qui

D

rence, dans ces circonftances, qu'elle fonge, pour l'augmenter, à ravir la part que les François y prennent ? & afin d'y réuffir, comment peut-on imaginer qu'elle cherche à donner à une puiffance eftimée fa rivale, une impulfion qu'elle fuivra elle-même, fi elle confulte fes vrais intérêts ? Mais, dit-on, la difcorde qu'on attend du choc des intérêts, donnera le fignal aux ennemis de la France pour la déchirer. Vaines terreurs ! L'Affemlée Nationale faura en impofer à fes ennemis du dedans & à ceux du dehors. Elle admettra, comme le Parlement d'Agleterre, une difcuffion qui, bien loin d'exciter, (la Jamaïque depuis trois ans en eft la preuve), préviendra les foulèvemens dans nos colonies.

La vérité fe fera jour : les préjugés céderont. Les Colons apprendront qu'il eft de leur intérêt qu'on aboliffe d'abord un commerce qui les appauvris; & ils fe convaincront enfuite, qu'il eft encore de leur intérêt, & de plus de leur fûreté, de fe départir de la

____

n'aient adreffé une pétition au Parlement pour ce même but, & déclaré qu'ils ceffoient dès ce moment de prendre part, par leurs fournitures, à un commerce auffi infâme.

(51)

févérité & de la rigueur, employées jufqu'ici, pour contenir les Noirs (1) ; ils efti-
meront que la richeffe du fol d'Afrique, qu'ils
redoutent, n'ôte aucun des avantages du leur ;
qu'ils trouveront des reffources nouvelles,
tant qu'ils auront la liberté & des produits,
& que le feul moyen de ne pas voir tarir
ceux-ci & de conferver parfaitement l'autre,
c'eft d'admettre & d'encourager leur culture
par des bras libres (2). Des expériences déjà

----

(1). Voyez un ouvrage, actuellement fous preffe,
intitulé : *Néceffité de l'abolition immédiate de la
Traite & de l'abolition graduée de l'efclavage*, par
une perfonne qui a habité plufieurs années les Colonies. —— Se trouvera chez Bailly, Libraire, rue
Saint-Honoré, & Petit, au Palais-Royal.

(2) Des prétendus Politiques, & M. l'Abbé
Raynal lui-même, auroient voulu introduire le droit
d'aîneffe dans nos ifles à fucre, parce que, difent-
ils, les poffeffions y font déjà trop morcelées pour
l'exploitation difpendieufe à laquelle l'on eft habitué.
Voyez la réfutation de cette idée féodale & les raifons
qui doivent engager à y multiplier en place les bras
libres, dans l'ouvrage fur les Inconvéniens du droit
d'Aîneffe, cité dans une note précédente. *Chap.* 3,
fect. 3.

D 2

faites, d'autres renouvellées, les convaincront;
& le bien ne se fera qu'avec le temps &
les mesures nécessaires. L'on y arrivera enfin, sans éprouver les malheurs que ses ennemis n'ont jamais manqué de faire redouter
pour l'éloigner ou pour l'empêcher.

M. Necker dans son ouvrage sur *l'Ad-
ministration des Finances*, après avoir déclaré des sentimens sur la traite des Nègres,
tels que l'humanité seule les inspire, a demandé si ce seroit un projet chimérique que
celui d'un pacte général, par lequel toutes les
Nations renonceroient d'un commun accord
à ce commerce (1).

» Mais une erreur qu'il a commise, c'est qu'il
suppose que le travail des esclaves est meilleur marché que celui des bras libres, & qu'on
seroit découragé bien vite d'une vertu qui
s'accorderoit si peu avec l'intérêt.

» C'est-là une erreur que les Amis des
Noirs se sont efforcés de mettre en évidence
par les faits & les instructions qu'ils ont rassemblés. Ces faits, ces instructions prouvent
que l'intérêt se trouvera d'accord avec le
devoir; & dès-lors nulle difficulté, sans doute,

____

(1) Pag. 262 & 263.

que l'on écoute celui-ci. Mais pour plus de sûreté qui, empêche que l'on négocie, pour l'intérêt même de l'humanité, un accord général fur ce point ? Les Amis des Noirs n'ont certainement pas blâmé cette mefure. Sa convenance & fa facilité frappent trop tous les efprits, pour qu'il fallût un grand génie, comme quelques perfonnes ont affecté de le fuppofer, précifément à caufe qu'elles ne la croyoient point praticables, & fufceptible de fuccès.

Mais ce que tout le monde n'apperçoit pas, & que les amis des Noirs peuvent aujourd'hui démontrer, c'eft la néceffité pour un pays réellement libre d'avoir des colonies où l'on puiffe aller jouir, fans changer de Patrie, de tous fes droits (1). Or, la li-

---

(1) Dans aucune circonftance, ces Colonies ne font jamais plus néceffaires que dans celles de révolutions & de troubles ; lorfque toutes les fortunes font ébranlées, & que tous les travaux font fufpendus. On s'eft récrié avec raifon contre l'indifférence avec laquelle on voit déferter, dans un moment où toutes les réformes font faciles en France, tant de ces Citoyens qui vont porter leurs bras à une terre étran-

berté & l'efclavage, ou le commerce d'efclaves, font abfolument incompatibles ; &
quand l'humanité, la religion ne l'exigeroient
pas impérieufement, il faudroit en venir à

---

gère. C'étoit à tant de landes, dit-on, tant de
Barais, tant de terreins, enfin fans culture, que
nous avons encore, qu'il falloit les attacher ; mais il
falloit donc les y attirer par l'appas d'une propriété
future. Il falloit décréter fans délai, telles loix qui
euffent fait préférer, les landes ou nos Colonies, à
tant de braves Citoyens qui cèdant aux appas de la
propriété, & défefpérant d'y arriver jamais dans leur
patrie, vont, dans des contrées plus faciles, chercher un morceau de terre à poff* éder, & préfèrent
les pays où la liberté eft actuellement établie fur les
plus larges bafes. S'irriter de ce que les Etats-Unis
recueillent le fruit de leurs bonnes loix ; dire avec ai-
greur qu'ils fondent une partie de leur profpérité fur
la barbarie de celles de l'Europe ; c'eft, comme des enfans, fe révolter contre la nature même des chofes :
c'eft étaler la perverfité qu'on fa dans le cœur ;
puifqu'on montre contre l'exemple que les Etats-
Unis donnent au monde entier, le même dépit que
les tyrans ont toujours fecrètement eu des progrès de
la liberté & du fuccès des bonnes loix, bien loin d'en
profiter.

des changemens devenus néceffaires , par des motifs également puiffans.

Les amis des Noirs peuvent démontrer enfuite , qu'il n'eft point de travaux , fous quelque climat que ce foit , que l'homme libre acclimaté , ne puiffe entreprendre & foutenir , & que les Nègres ne font point incapables , comme on le repréfente , d'une parfaite lé-giflation , quand on voudra prendre pour les y porter , les moyens les plus libéraux. Ils démontrent qu'en accordant même à leurs adverfaires , ce qu'ils prétendent de l'infé-riorité des facultés des Noirs aux nôtres , ce qu'on nie formellement , les effets qui réfulteroient d'un grand encouragement qu'on donneroit au croifement des races pour étein-dre les préjugés (1) , répondroient à toutes

---

(1) Voyez ce que M. Lamiral dit, (page 46 & fuiv.) de l'amabilité, de la tendreffe, de la fécon-dité & des vertus domeftiques des femmes Séné-galoifes.

Cet Auteur & d'autres fuppofent que les hommes qui naiffent de ce qu'ils appellent *fang mêlé*, font, par rapport aux Noirs, comme les demi-Dieux de l'antiquité, nés de mortelles, auxquelles Jupiter ou d'autres immortels n'avoient pas dédaigné de s'unir ;

D 4

les fortes d'objections qu'on voudroit tirer de cette infériorité, contre les établiffemens libres qu'ils propofent, & que ces établiffe-mens feroient en Afrique la fource d'un grand commerce, des productions des tropiques & des marchandifes manufacturées de l'Europe. Ils démontrent, ces amis des Noirs, que par les mêmes raifons, dans nos ifles à fucre, les Noirs efclaves, mieux traités, peuvent y aug-menter par leur nombre la population, & que leur affranchiffement graduel l'augmentera en-core plus vîte, & doit néceffairement, en aug-mentant les revenus du Maître humain qui favorifera ce développement, faire baiffer le prix des denrées coloniales, devenues plus abondantes. —— Enfin les amis des Noirs prouvent aux métropoles, que l'abondance des productions de la terre enrichit toujours tout le monde ; que par conféquent les Co-lonies de l'oueft ne feroient ni ruinées, ni

---

fi quelque obfervation, indépendante d'autres caufes qu'il n'y a pas lieu de développer ici, a quelque-fois appuyé cette idée, entièrement née de l'orgueil, l'avantage connu & indiqué par-tout les Natura-liftes du *croifement des races*, fuffit pour l'expli-quer.

abandonnées, quand on tireroit de grands produits de l'Afrique ; que les François par exemple, au lieu d'émigrer en grand nombre, comme ils font, pour les Etats-Unis, préféreront alors les établissemens françois, où, une fois acclimatés, ils pourront trouver la paix & le bonheur, que ces établissemens remplis alors d'hommes libres, favec une population toujours croissante décupleront, & leurs productions, & leurs consommations, & le commerce, par conséquent, qui s'ensuit ; enfin, les Amis des Noirs prouvent mille fois plus qu'il ne faudroit, pour engager une puissance telle que la France, par les motifs purement humains, dont j'entends seulement parler ici, & que les hommes appellent politiques, à marcher courageusement dans la voie où la justice & l'humanité lui crient ensemble d'entrer, quand elle devroit s'y trouver seule. Mais il est évident que pour ménager les esprits foibles, l'on doit prendre les mesures qu'ils croient nécessaires à la sûreté de tous.

Les défenseurs de la traite & de l'esclavage ont cru chimériques ces mesures, & ils ont d'autant plus loué, précisément à cause de cela, l'Administrateur célèbre qui les a proposées. Ils satisfaisoient ainsi en même-temps l'adulation & l'astuce qui caractèrifent leurs complimens. Mais maintenant, que diront-ils, quand ils verront que le projet n'en eft plus chimérique : quand ils verront que le Miniftre qui l'a ainfi préfenté, dans un temps où, pour parler avec sûreté, il falloit en tout, employer les périphrafes de la circonfpection, ne peut maintenant que défirer qu'on le réalife ; qu'afpirer à la gloire d'exécuter, lui-même, ce qu'il a indiqué à la France, peut-être le premier.

Le Pere Labat, dans le tome quatrième de fa *Nouvelle relation de l'Afrique occidentale*, en parlant des tentatives que la compagnie du Sénégal de France, n'a ceffé de faire pour pénétrer au pays de Bambouc, remarque en plufieurs endroits, & dans les termes les plus exprès (1), la fordide avarice des Compagnies qui, faute de faire les avances & de donner aux chofes le temps néceffaire, laiffent fans aucun fuccès, ou même fans tentatives, les meilleurs projets. Cet efprit fordide eft également celui des Compagnies & du Commerce en général. L'habitude gouverne feule, tous les hommes que l'efprit d'intérêt

----

(1) Pag. 72 & 115 entre autres.

captive. La routine qui leur a servi à s'enrichir, est tout ce qu'ils connoissent ; & leur
avidité les empêche toujours de sacrifier à
l'avenir, malgré les grands avantages même
qu'ils y trouvent. Il faut des lumières &
de la philosophie , pour appercevoir ce
qui est mieux ; & les commerçans , sous
un gouvernement despotique sur - tout ,
manquent plus encore de goût que de loisirs,
pour s'instruire ; car s'ils avoient ce goût, quel
avantage les voyages qu'ils font, & les relations qu'ils entretiennent, ne leur donneroient-
ils pas ? Mais l'intérêt seul échaufe leur génie, & l'on sait bien que leurs spéculations
font dirigées vers l'amélioration de leurs fortunes, & que celle des lumières & de la civilisation n'y entre assurément pour rien.

» Mais si les peuples peuvent maintenant
avoir une influence réelle, c'est à eux à dic-
ter les principes sur lesquels ils entendent que
leurs marchands trafiquent, tout comme ceux
sur lesquels ils veulent être gouvernés. C'est
à eux à jetter d'avance les semences de la pros-
périté des races futures ; ils ne doivent point
être arrêtés par les cris de l'habitude & de
l'intérêt qui prennent à tort l'épouvante , &
le temps ni même les dépenses pour arriver
à un grand but, ne doit leur rien coûter.

S'il eſt naturel d'entendre les Commerçans & les Colons, ſur cette grande cauſe qui les intéreſſe, de l'abolition de la Traite & de l'eſclavage, ce n'eſt donc point au moins à eux à la juger par leur ſeule opinion ? En affectant, hautement cette prétention ridicule, d'une manière auſſi véhémente qu'ils le font, eſpéreroient-ils d'intimider une aſſemblée qui a fait ſes preuves, ou même la Nation que l'ariſtocratie qui l'opprimoit n'a pu, avec ſes menaces & ſes ſophiſmes, arrêter ni ſéduire un moment ?

Prouverai-je maintenant à M. Lamiral qu'il ſe trompe, & qu'il raiſonne auſſi mal, toutes les fois qu'il veut jetter du blâme ou du ridicule ſur les amis de l'humanité, qu'il appelle par ironie les Philantropes (1). *Echo* des abſurdités que des perſonnes mal inſtruites & d'autres mal intentionnées ont répandues contre la Société des Amis des Noirs, ſon origine, ſes travaux, ſes intentions, le danger même prétendu de ſon exiſtence, il les répète toutes : je ne deſcendrai donc pas à les réfuter, ce ſeroit trop long ; je le crois même inutile. Mais ſi je connoiſſois M. Lamiral, je lui di-

____

(1) Pag. 218. — 396.

rois : « Abandonnez votre cœur à ces premiers élans d'humanité qui fe trouvent dans quelques endroits de votre ouvrage. Ils font vraiment de vous, le refte qui les étouffe vous eft étranger. Ces premiers fentimens, vous les tenez de la nature ; les autres, vous les avez acquis. Confiez-vous à ceux-là, méfiez-vous de ceux-ci. Que ne peuvent fur nos efprits & nos cœurs les mœurs de ceux que nous fréquentons, & l'ordre accoutumé de chofes dans lequel nous avons été élevés, dans lequel nous avons toujours vécu ? Eh ! quelle raifon n'avez-vous pas de craindre ? vous qui avez été jetté jeune dans une carrière qui doit pervertir les hommes les plus heureufement nés ! Doutez donc, je vous en conjure, & venez dans cette Société que vous calomniez, que vous injuriez, vous affurer vous même combien fes ennemis font injuftes.

» La Colonie du Sénégal fe plaint d'oppreffion, & vous portez, avec zèle, à l'Affemblée Nationale fes demandes. Eh bien, attaquez, avec nous, dans fa racine, l'origine de tous fes maux. Ah ! réclamez pour elle, réclamez pour l'humanité entière, des principes inviolables, que tout homme, vraiment digne de la liberté, doit défendre. Afpirez maintenant à faire enfin régner la juftice fur cette côte de désolation, ou ne soyez plus étonné que le crime engendre le crime, & que ceux qui s'y livrent, deviennent eux-mêmes la proie de l'iniquité (1).

» Le règne de la justice peut seul garantir les droits de chacun ; celui qui est injuste a perdu le droit de se plaindre de l'iniquité qu'il souffre. La Nation Françoise est trop généreuse, elle est trop éclairée, pour étendre au-delà des mers des fers qu'elle a rompu pour elle, & qui font en horreur à tous les hommes libres.

» Elle protégera la Colonie du Senégal, comme un père protège un enfant corrompu, mais chéri. Les Représentans de cette Nation généreuse verront dans leur sagesse les moyens propres à la relever par degrés de l'état de foiblesse & de corruption où l'ont jetté tous les abus rassemblés.

» Les principes qui doivent diriger les peuples dans la conduite de leurs colonies, font connus aujourd'hui de tous ceux qui ne dédaigne pas de s'instruire ; & le moment est aussi arrivé de les mettre en pratique.

» N'ayez point de vaines terreurs ! Les Co-

____

(1) Pag. 90. — 91. — 92.

lonies de l'oueft ne feront point détruites , parce qu'on n'y portera plus d'efclaves ; ceux qui les ont cultivées les années précédentes , ne continueront-ils pas ? Un régime cruel dans le traitement des Noirs néceffite la traite ; un régime plus doux fuppléera bien mieux la population , & l'augmentation de culture qu'on défire. L'on compte parmi les Amis les plus zélés des Noirs, des Planteurs, & quoiqu'ils ayent des qualités très-nobles , ils ne prétendent point à la charité fublime & évangélique d'abandonner leurs propriétés.

» N'affectez donc point d'exagérer l'objet des vœux des Amis des Noirs; ils favent que le moment n'eft pas venu de donner la liberté aux efclaves qui cultivent les Colonies ; ils ne crient point à la révolte ; & ils n'ont ni émiffaires, ni apôtres ; prenez garde de n'être point la dupe d'un ftratagême perfide. La liberté des Colons blancs a été l'époque des alarmes qu'on leur a donné fur la tranquillité de leurs habitations. L'on a affecté de citer la fociété des Amis des Noirs, de lui attribuer des deffeins dans un temps où perfonne n'avoit à en parler. Le 13 Juillet dernier (moment de la révolution de Paris), l'on a indiqué un magafin d'armes dans fon appartement, comme on envoyoit les Ci-

toyens fe pourvoir, dans ceux qu'on fuppo-
foit aux Chartreux. Les philantropes ! Les
Chartreux ! Il étoit fi plaifant pour les DES-
POTES de jouer le peuple, en faifant tomber fa rage fur des hommes paifibles, qu'ils
méprifoient ou haïffoient également ! Songez,
Monfieur, que pour faire fupporter à la Ca-
pitale le développement de toutes les tyran-
nies, l'on avoit conjuré contre elle des Citoyens avilis, corrompus à l'excès par la
mifère, avec tout ce qu'il avoit été poffible
de réunir de miférables étrangers : une armée de vagabonds menaçoit toutes les propriétés, au premier mouvement que nous
ont fait faire la défenfe de nos libertés, celle
de nos droits les plus facrés & de nos frères
nos concitoyens affemblés. Voyez qui
l'on pouvoit ameuter contre les Colons : pefez
les motifs qui animoient le défefpoir des
tyrans fubalternes, toup-à-coup furpris par l'é-
clat de lumière qui réveilloit les peuples !
Vous comprendrez ce qu'on pouvoit ofer !
Et en vous affurant de la nullité extérieure,
que la fociété dont il eft queftion avoit encore,
& du bruit qu'on a fait d'elle ; en réfléchif-
fant qu'elle renferme des hommes redoutables
au defpotifme, & qui n'ont point atrendu la
révolution, ni même fon approche, pour faire

preuve

preuve de leurs fentimens, & fouffrir même
pour elle, vous expliquera bien des chofes.

» Revenez donc de vos préventions; con-
noiffez les Amis, non des *Noirs* feulement,
mais de l'*humanité*. Les fentimens qui les animent ne portèrent jamais le trouble & la ruine
dont vous menacez; mais, ces maux terribles
furent au contraire, dans tous les temps, la
fuite inévitable des crimes que vous défen-
dez, & qu'ils ne cefferont de pourfuivre au
tribunal de l'opinion.

» Ah! croyez donc que tous les motifs
qui animent ces hommes de bien, font dignes de la miffion qu'ils fe font faite à eux
mêmes, de défendre la claffe d'hommes la
plus malheureufe & la plus abandonnée, ainfi
que de prévenir le moment terrible & redou-
table de leur DESESPOIR. Plaignez les de fe
voir enfin obligés de repouffer la multitude
de calomnies que leur entreprife a fait pleu-
voir de tous côtés contre eux.

» S'il n'en eft point, qui puiffe fupporter
l'examen, elles les accablent par leur nombre
& par l'activité infernale avec laquelle on
les répand. Chaque jour, elles paroiffent fous
une nouvelle forme. Pendant que j'écris, à
la politique prétendue de l'Angleterre, que
vous avez vous même cru & que j'ai réfutée,

l'on vient de joindre celle tout auffi controu-
vée, qu'on attribue aux Etats-Unis. C'eft la
Congrégation religieufe des *Amis* ou *Quakers*
qui eft complice fuppofée de celle-ci ; & maintenant, les Miniftres d'Angleterre fi aftucieux,
cette foule d'hommes fuppofés leurs complices, fe difant, à Paris & à Londres, les
Amis des Noirs, ne font plus que les éco-
liers, les ferviles inftrumens d'une poignée
d'hommes de Philadelphie, qu'on accufe de
cacher fous le manteau de la vertu la plus
pure, le cœur le plus dépravé (1). Ainfi s'é-
tend encore la calomnie que répandit M. de
Chatelux contre cette collection d'individus.
Les efforts du défenfeur humain, philofophe &
charitable, qui voulut les venger, n'ont pu
l'effacer (2). Toutes leurs vertus font travefties
en actes d'hypocrifie. Ils ont beau élever au ciel
leurs mains pures, ne faire entendre des vœux

---

(1) Voyez de l'état des Nègres, &c. cité plus
haut, page 20.

(2) Voyez la lettre de M. Briffot de Warville,
à M. de Chatelux, où il a victorieufement réfuté
les calomnies de ce voyageur françois, contre les
Quakers ou Amis, les Noirs & l'efpêce humaine en
général.

que pour l'humanité entière, on fufpecté leurs cœurs. En vain leurs principes font fans reproches; l'on calomnie leurs intentions ! Mais quelle vertu n'a pas été flétrie par le fouffle impur des méchans ? Le Fils de Dieu lui même y fuccomba; & s'il devoit redefçendre parmi nous, parmi des Marchands d'efclaves & des Planteurs fur-tout, qui douteroit, à voir leurs fureurs, qu'ils ne le crucifiaffent ? Mais qu'une Nation entière fe laiffe bercer dans l'aveuglement de quelques individus; qu'elle perfiftât dans l'erreur; c'eft ce que je crois ne pouvoir fe voir aujourd'hui, & en France, fur-tout (1).

---

(1) Il y a quelques années (en 81 ou 82,) un Prédicateur, prêchant la PASSION le Vendredi-Saint à Notre-Dame de Paris, prouva à fon auditoire, de la manière la plus évidente & la plus animée, que fi JESUS - CHRIST vifitoit de nouveau les hommes & venoit parmi nous, il feroit inévitablement pendu à Paris, comme il avoit été *crucifié* au Calvaire. Même aveuglement, même dureté de cœur, même perverfité, même attachement à l'intérêt fordide, même ignorance & dépravation ; voilà ce qu'il montra chez nous, comme chez les Juifs autrefois, dans les claffes de la fociété, qui

» L'on ne ſait cependant ce que l'on doit le plus admirer, ou la ſotte crédulité du public, ou l'impertinente aſſurance de ceux qui

---

perſécutèrent le fils de Dieu, & dans le peuple qui l'abandonna à ſes ennemis.

Qui peut douter que ce ſaint Prédicateur n'eût parfaitement raiſon ? peu d'années ſe ſont écoulées ; & dans cette même chaire de vérité, au moment où le monſtre de l'ariſtocratie étoit écraſé par la Nation, M. l'Abbé Fauchet, ſans qu'il ait ſûrement connu ſon précurſeur, a fait retentir les voûtes du Temple, de ces mots à jamais mémorables, C'EST L'ARISTOCRATIE QUI A CRUCIFIÉ LE FILS DE DIEU. (Voyez ſon Diſcours ſur la liberté françoiſe, prononcé le 5 Août 1789. Paris, Bailli, rue Saint-Honoré, page 18).

Mais maintenant que l'ariſtocratie eſt abattue : maintenant que le Deſpotiſme, ce monſtre conçu dans le cœur des méchans, noſe plus ſe montrer : maintenant que chaque individu jouit de ſes droits : maintenant que chacun peut énoncer le bien qu'il conçoit, le produire devant ſes Concitoyens, le leur faire adopter, le vrai règne de la juſtice ne naîtra-t-il pas ? Les méchans nous environneront-ils toujours, & à force de ruſes & de pièges, malgré la révolution, continueront-ils de régner ?

dictent à fa croyance les rêves de leur cerveau.
Sans preuves, fans connoiffance des hommes
dont ils parlent, ni des chofes dont ils rai-
fonnent, ils prennent dans leur imagination
un plan de politique, & ils font crus; leur
objet eft évidemment d'écarter l'examen de
queftions qu'ils ne veulent pas même, par
une fenfibilité exceffive fur leurs intérêts propres, laiffer examiner; & ils ne font point
fufpectés. Des mots de raliement frappent
les oreilles; ces mots rappellent l'intérêt propre
le plus fordide, & chacun cède. On a beau
crier: on vous égare, votre intérêt véritable
n'eft pas le plus prochain qu'on vous montre,
l'intérêt vrai d'une Nation LIBRE ne peut être
fondé fur l'oppreffion : l'on n'écoute pas ; l'on
ne veut ni examiner, ni s'inftruire. La vanité
des raifonneurs eft fatisfaite ; ils croyent avec
l'inventeur d'un roman, avoir percé un voile
qu'il n'étoit pas donné à tout le monde de
lever, & la foule, toujours dupe des mots, &
frappée de ceux de *balance du Commerce* &
d'intérêt de la Nation, qu'on fait fonner avec
emphafe, applaudit.

» Mais comment, vous qui avez long-temps
fait vous même le commerce des efclaves,
ofez vous défendre ce trafic abominable ? Si
votre cœur ne fent plus; ou bien, fi votre ef-

prit repousse les sentimens d'humanité qui réclament contre lui, comment joignez-vous encore l'aveuglement, ou la méchanceté, d'invectiver & de calomnier (1) une société d'individus, la plupart connus, mais ne le fussent-ils pas, également respectables ?

Est-ce leur faute si les principes rigoureux de la justice, si les cris de l'humanité condamnent vos principes & votre vie ? Est - ce leur faute si, cédant aux cris de leur conscience, & suivant les conséquences des principes qu'ils ont résolu de maintenir contre les tyrans, pour le bien de tous, ils trouvent sur leur chemin les considérations de l'amour propre & de l'intérêt de quelques individus? Enfin, n'est-ce pas à ces principes contre lesquels vous vous révoltez, que vous devez la révolution dont la France se réjouit, dont tous les peuples la félicitent ? N'est-ce pas à ces principes qu'elle devra sa constitution, dont vous venez reclamer les bienfaits en faveur des habitans du Sénégal ? Au lieu d'aimer & d'encourager ceux qui les ont prêchés, ces principes régénérateurs, au lieu

____

(1) Page 396. — 398. — 218. — 221. — 375.

de les récompenser par votre estime & vos éloges,
des périls qu'ils ont méprisés au milieu de la tyrannie, par une inconséquence condamnable vous
cherchez à les avilir, & à discréditer leur doctrine sacrée, par tous les mensonges que vous ras-
semblez, & par les motifs que vous prêtez
aux uns, ou par les ressorts cachés dont vous
supposez que les autres sont dupes. (1).

----

(1) C'est dans le pamphlet intitulé : de l'*État des
Nègres*, *&c.* cité plus haut, qu'il faut voir sur tout,
avec quel art l'on construit l'édifice fabuleux d'une
politique infernale, d'après laquelle, s'il faut en
croire ses inventeurs, tous ceux qui ont concouru à
la révolution de France, par leur courage & leurs
talens, ne se trouvent plus être que les dupes ou les
complices criminels & soudoyés, (page 19) de la
politique des Etats-Unis de l'Amérique & de l'Angleterre. Ce ne sont plus les excès du despotisme
& nos cœurs français, qui ont brisé des chaînes que
nous n'endurions tous, depuis long-temps, qu'avec
l'impatience d'un peuple digne de la liberté : ce ne
sont plus nos écrivains immortels qui nous ont ré-
veillés : ce sont les Etats-Unis ; c'est l'Angleterre
qui, pour nous perdre, ont fait retentir, par leurs

Voyez, Monsieur, ce que les amis des Noirs oppofent aux menaces (1), aux invectives, à

émiffaires, le mot LIBERTÉ. J'ai honte d'occuper mes Concitoyens d'une fi étrange abfurdité : mais quelque folle qu'elle paroiffe, on la donne férieufement, dans un certain monde, pour une vérité. Heureufement, hors de ce cercle, un feul mot dévoile ces gens-là & les confond ! Ils appellent *impolitique*, (& ils favent aujourd'hui pourquoi.) la guerre que nous avons foutenue pour défendre la LIBERTÉ des Etats-Unis — & BOULEVERSEMENT, notre CONSTITUTION. — Tout ce qui peut éclairer & relever une Nation avilie, ils l'appellent *dangereufes nouveautés*. — Ils refpectent tout ce qui eft confacré à la profcrire, & jufques à l'*inquifition* — Les peuples endormis dans la *fervitude*, leur paroiffent fages. La LIBERTÉ, enfin, eft fi peu naturelle à ces beaux efprits qui, communément, affectent des prétentions exclufives à l'élégance du ftyle ou à la profondeur des penfées, qu'ils croient que fans les Etats-Unis & les Quakers, ou Amis ; fans l'Angleterre & la Société des Amis des Noirs, nulle part en France, on n'auroit prononcé le faint nom de la LIBERTÉ, & nous roulerions encore, fans y fonger, nos chaînes.

(1) Voyez la réponfe du Négociant de Bordeaux, citée plus haut, page 2.

la calomnie : leurcourage, la vérité, le temps !
Quelques fémaines font écoulées, & les évène-
mens contrediſent déjà aſſez toutes les aſſertions
malignes & fauſſes, imprimées & répandues
chaque jour contr'eux, avec une activité qui
n'eſt comparable qu'à celle du démon. La paix
règne dans nos colonies. Si elle a été troublée,
on ſait qu'elle ne l'a été que par les blancs :
on ſait qn'ils ont ſeuls entr'eux, enſanglanté
l'heureuſe révolution de la liberté. Ce que l'on
demandoit au nom de l'humanité, la force
impérieuſe des circonſtances l'a enfin fait céder,
ſans qu'il ſoit, heureuſement, arrivé aucun des
maux qu'ou pouvoit redouter de l'opiniâtreté
avec laquelle on le refuſoit (1). Les hommes

____

(1) M. Raymond, Citoyen & homme de couleur
de Saint-Domingue, eſt en France depuis ſix ans,
pour réclamer le redreſſement des griefs ſous leſquels
ſes frères gémiſſoient. C'eſt bien long-temps, on
voit, avant qu'il y eut à Paris, de Société des Amis
des Noirs. Eh ! croit-on, que des révolutions
comme celles qui menacent toutes les Colonies des
puiſſances de l'Europe, dépendent de quelques diſcours humains & raiſonnables, qui, au milieu des
paſſions qui agitent nos capitales, peuvent s'y faire
entendre ? Non, ſans doute : & ſeulement pour

de couleur, libres, jouiſſent à ce moment de tous les droits de citoyen : leurs députés vont être reçus dans notre Aſſemblée Nationale.———

———

juger du contraire, que l'Aſſemblée Nationale ſe faſſe repréſenter les mémoires que le digne Citoyen que je cite, a, lui-même, compoſés & préſentés en différentes fois au Miniſtre de la Marine. Il y a aſſez long-temps qu'ils ſont avec tant d'autres perdus ſans effet, dans les cartons des Bureaux.

L'on y verra avec étonnement combien les excès de la tyrannie des blancs, envers les gens de cou-leur libres & les noirs eſclaves, mettent, depuis long-temps, nos Colonies, en danger des plus grands malheurs : l'on s'étonnera qu'ils n'aient point en-core éclaté : & les Français, vraiement citoyens, ſauront quelle reconnoiſſance méritent les hommes libres de couleur, qui, juſques à cette heure, ont attendu, ſollicité, imploré, *légalement*, des redreſ-ſemens qu'ils étoient en état d'exiger par force. Mais un délire incroyable a porté, dit - on, les blancs à l'inſurrection contre la mère patrie; ſi cela eſt, il n'y a de moyen pour les ſauver de la perte certaine à laquelle ils s'expoſent, & pour conſerver à la France les Colonies, que d'appuyer de toute la force du gouvernement les droits des citoyens de couleur qu'il faut, ſans délai, rétablir de la manière la plus efficace.

En même-temps le Parlement d'Angleterre reprend l'affaire de l'abolition de la traite, que vous, ou vos partifans, prétendoient pour toujours ajournée. —— Il a nommé un comité, pour aller plus vite & ne' rien fufpendre. Enfin, nous touchons nous mêmes au moment où la caufe des noirs, cette partie malheureufe & intéreffante de l'humanité, fera auffi plaidée en France. Les hommes que vous déchirez, en vous appellant à un tribunal, feroient ils plus promptement fatisfaits ? Ils pouvoient pour-fuivre leurs calomniateurs, felon la rigueur de nos loix. Mais foyez tranquille. —— Ils n'at-tendent, je le répète, leur triomphe que de leur courage, de la vérité, du temps : amis, amis fincères & éclairés de la liberté (1), ils

———

(1) Il eft certain que tant qu'on attachera aux écrits une *refponfabilité*, fans diftinction, fans me-fure, fans proportion, comme l'établiffent toutes les loix faites jufques à préfent, même chez nos voi-fins, & celles qu'on nous propofe, les jugemens des tribunaux, dans la plupart des cas, feront, quoi-qu'on en dife, vains, injuftes & furtout très-dan-gerenx. Voyez diverfes lettres inférées dans le Pa-triote François, fur la liberté de la Preffe, entre autres celle inférée au n°. 186.

souffrent vos injures, ils plaignent votre erreur, votre méchanceté même, si malheureusement pour vous, il falloit lui imputer vos fautes : ils vous invitent à vous éclairer, à vous convaincre ; & ils laissent la ressource stérile de nos tribunaux, aux gens dont les desseins moins assurés, & les vues moins pures, ne peuvent leur inspirer la même confiance dans leurs succès, ni la même fermeté dans leurs principes. Connoissez donc, connoissez, je vous le répète, les hommes que vous outragez ».

Je parlerois ainsi à M. Lamiral, & j'aurois à le presser encore sur d'autres points importants. Mais je remets à un autre moment de traiter ceux qui restent, & qui regardent particulièrement les établissemens libres, que la France ne doit plus tarder de faire sur les côtes d'Afrique. L'Assemblée Nationale, par une suite des nouvelles extraordinaires arrivées de St. Domingue & de la Martinique, & pressée par l'inquiétude que des hommes turbulens, ou mal intentionnés, ont donnée à nos villes maritimes, est saisie bien plus vite que l'on ne s'y attendoit, de l'affaire de la traite des noirs. Je dois me hâter dans ces circonstances, de publier, puisque je le crois utile,

les réflexions impartiales que m'ont fait naître mes lectures fur ce fujet, qui, touchant du
plus près poffible l'humanité, intéreffe, fi l'on y
réfléchit au plus haut dégré, tous les hommes.

J'ai prouvé dans ce qui précède, que le
commerce qu'on fait des malheureux Noirs,
eft un trafic auffi infâme que criminel : & je
me fuis fondé fur des faits & des raifonnemens
également certains & invincibles. Je voulois
entrer encore dans quelques détails, pour prouver que ce commerce n'eft pas moins impolitique. M. Clarkfon, à mis ce point de doctrine
dans la plus grande évidence; & je ne puis
fans doute rien ajouter à fon excellent ouvrage
fur ce fujet. Mais, j'avois en deffein de préfenter feulement quelques réflexions, fur la
liberté qu'il faut néceffairement y tranfplanter;
fur les biens qu'on peut s'en promettre, &
fur les avantages que la France pourroit retiter
du tranfport des Noirs libres, qui fe trouvent
dans les Etats-unis de l'Amérique Septentrio-
nale, & que des *Amis*, autrement dits *Quakers*,
offrent de conduire eux-mêmes en Afrique;
pourvu que dans un établiffement libre, au
fuccès duquel ils font réfolus de confacrer leur

vie , ils voient les droits & les libertés des hommes qu'ils ont défendus , & arrachés à l'efclavage , pour toujours affurés. Je voulois montrer qu'il eft probable que l'Angleterre nous devancera dans ce projet , également politique & humain ; que l'établiffement libre qu'elle a commencé à *Siera Leona*, jufques à préfent , quelqu'en foit le fuccès , doit nous en avertir ; que cette politique eft bien plus probable que celle qu'on lui a fottement prêtée ; qu'elle peut mettre le premier peuple qui la fuivra, en poffeffion des richeffes du pays des Bamboucs ; que ce pays , l'objet des défirs de toutes les compagnies qui ont commercé vers cette partie de l'Afrique , excite maintenant leur cupidité , à un plus haut degré encore , depuis qu'on eft affuré que le fol le plus fertile & le mieux arrofé , y couvre les mines les plus abondantes des métaux les plus précieux. J'aurois en même-temps fait voir qu'il ne peut donner aux Européens tout ce qu'il promet, que par des colonies ; qu'elles feules , quand elles feront libres , fourniront les hommes aclimâtés & entreprenans, qui pourront y aller faire avec fécurité & fuccès, des établiffemens. Je voulois donner à toutes ces idées un dévelopement affez étendu : je voulois fur-tout prouver que la cupidité écoutera enfin, aujourd'hui, les confeils de la philofophie ; que l'Angleterre fent la première, que l'intérêt d'une Nation eft d'autant plus sûrement & complettement fatisfait, qu'elle refpecte davantage, dans fes relations extérieures, les droits des hommes & qu'elle fert mieux les vœux de l'humanité. Je voulois enfin faire connoître les peuples Noirs qui habitent ce pays de Bambouc, que l'ignorance & l'intérêt fordide des Marchands, avoient repréfenté comme les plus malheureux fur la terre, & qui en font les plus heureux : Je voulois, en faifant connoître leurs mœurs fimples, leur liberté, l'égalité qui règne entr'eux, la haîne qu'ils ont pour l'oppreffion & la douceur de leur caractère, qui les y expofe cependant, dire, comment leur éloignement des côtes les a fauvés jufqu'à préfent des maux que les Européens n'auroient pas manqué de leur porter mille fois, fans cette barrière qu'ils n'ont jamais pu, dans leurs projets fordides, furmonter : & j'aurois fait voir, comment, en confultant maintenant la philofophie & fervant l'humanité, les puiffances commerçantes peuvent parvenir à avoir avec ces peuples des relations auffi honorables que réciproquement utiles. Mais la précipitation

même des délibérations dans lesquelles il semble que les Députés des Colonies & ceux des
villes maritimes on voulu, en s'aidant, bien in-
considérément, de tout le parti de l'aristocratie, enchaîner l'Assemblée Nationale, me
force de terminer ici pour arriver à temps.
Je remets en conséquence de faire imprimer
le reste de mon manuscrit, si je vois que le
public le désire.

Ce 6 Mars 1790.

A PARIS,

Chez DESENNE, au Palais-Royal,
Et BAILLI, rue S. Honoré.